Learn To Write Letters With Guidelines

GRADES PK-1

SPEEDY PUBLISHING LLC

Speedy Publishing LLC
40 E. Main St. #1156
Newark, DE 19711
www.speedypublishing.com

ISBN: 978-1-6814-5170-1

First Printed 03/11/2015

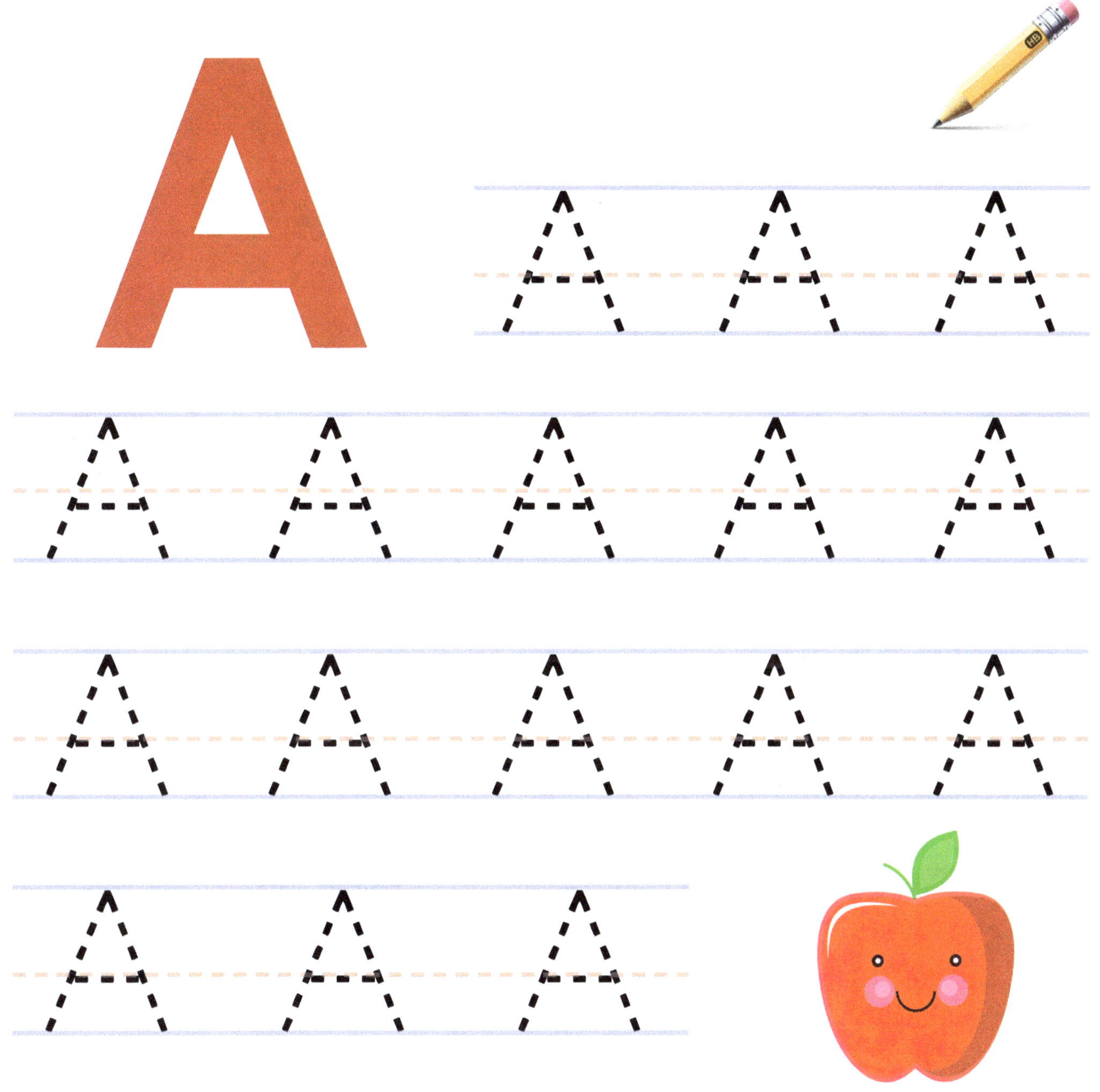
A

B

B B B

B B B B B

B B B B B

B B B

c

D

D D D

D D D D D

D D D D D

D D D

E

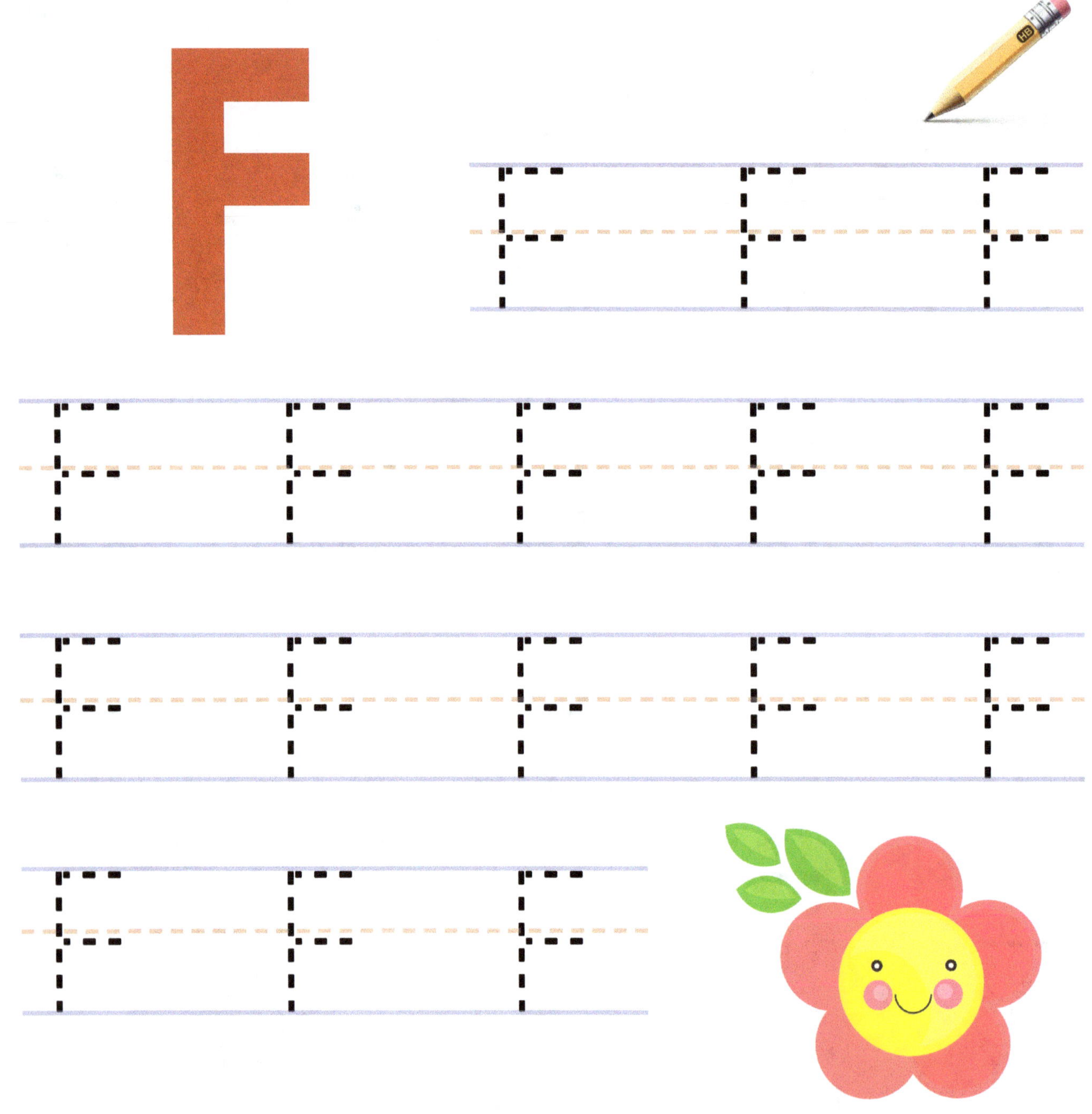
F

G

H

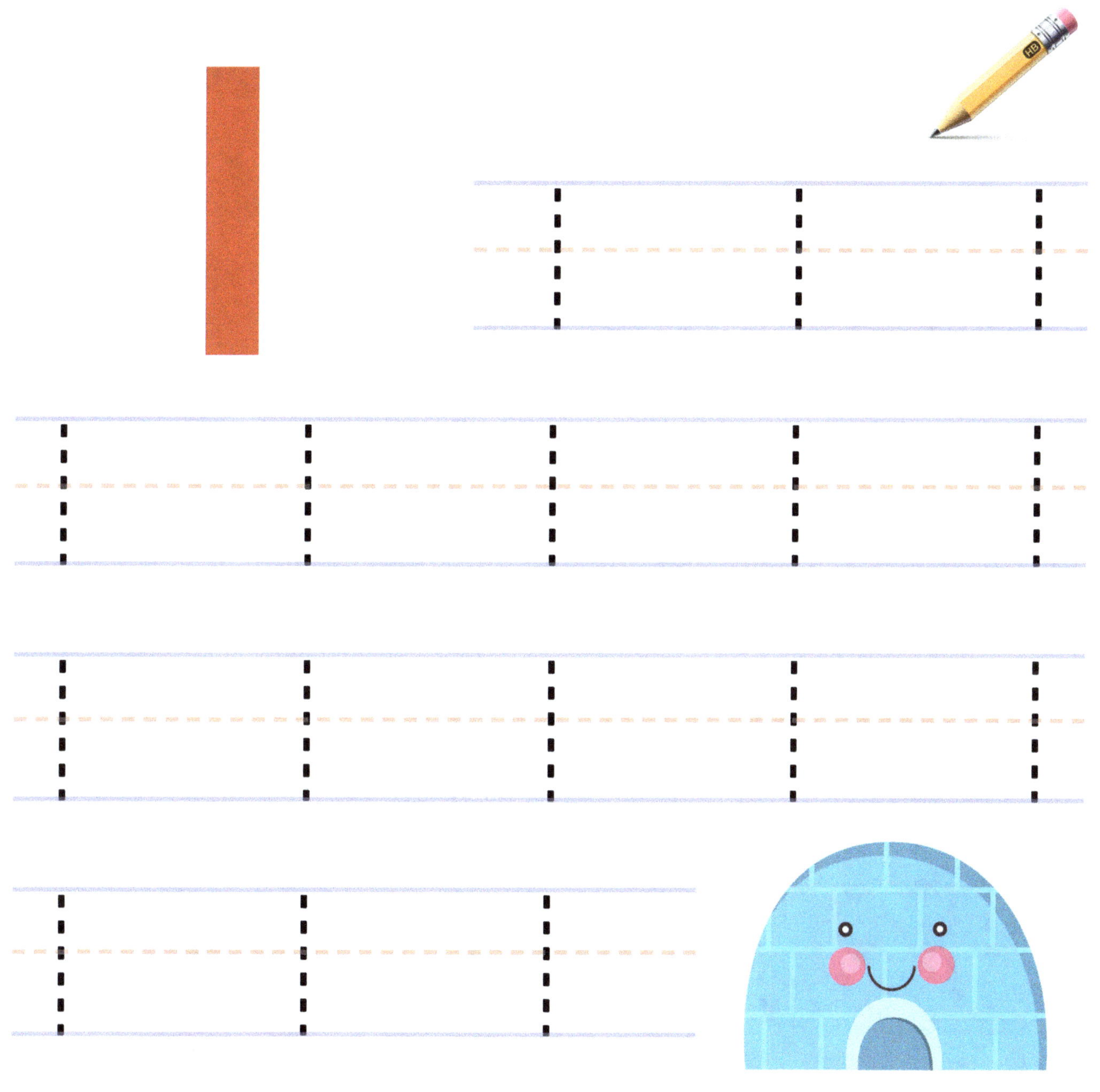

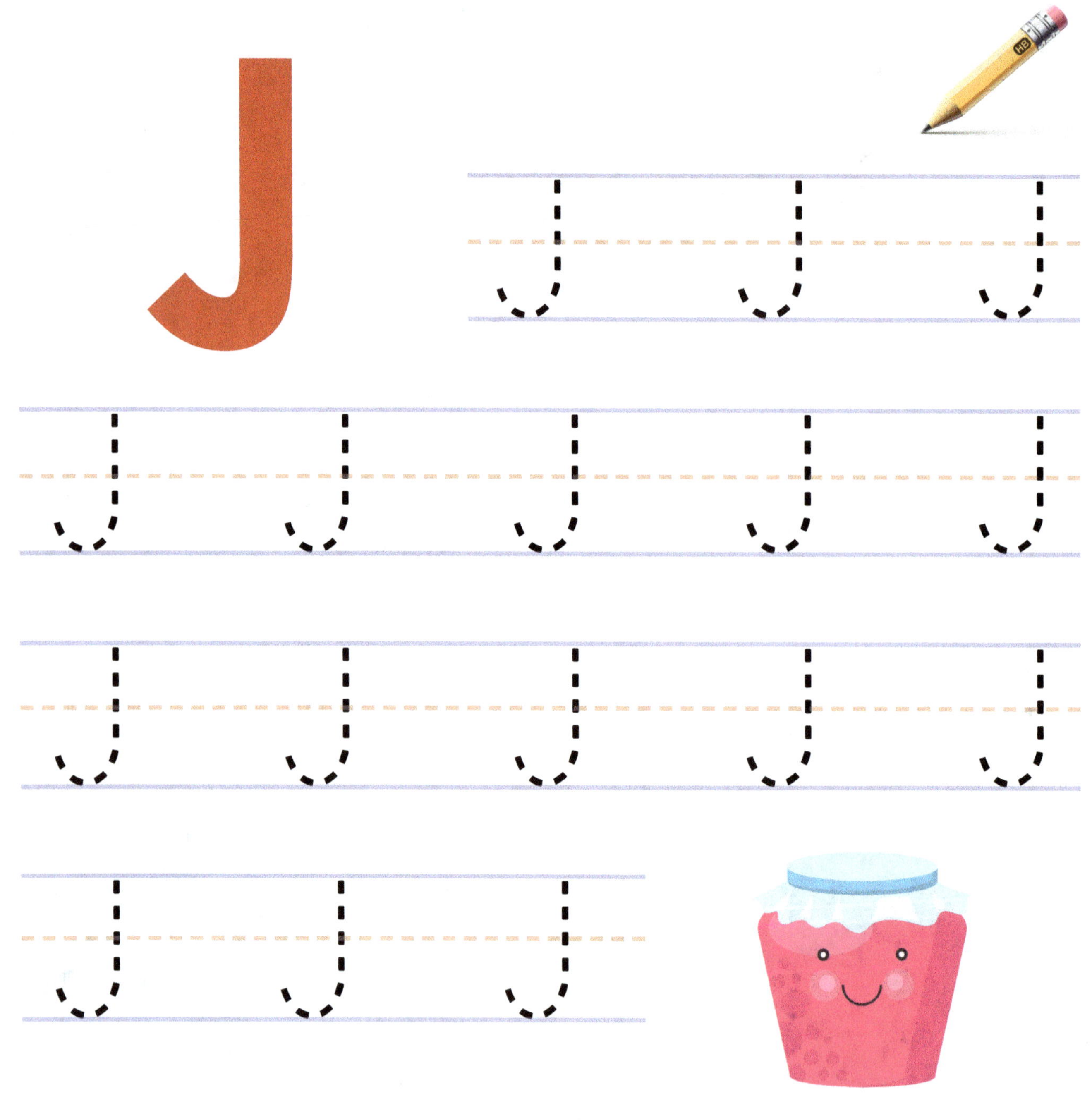
J

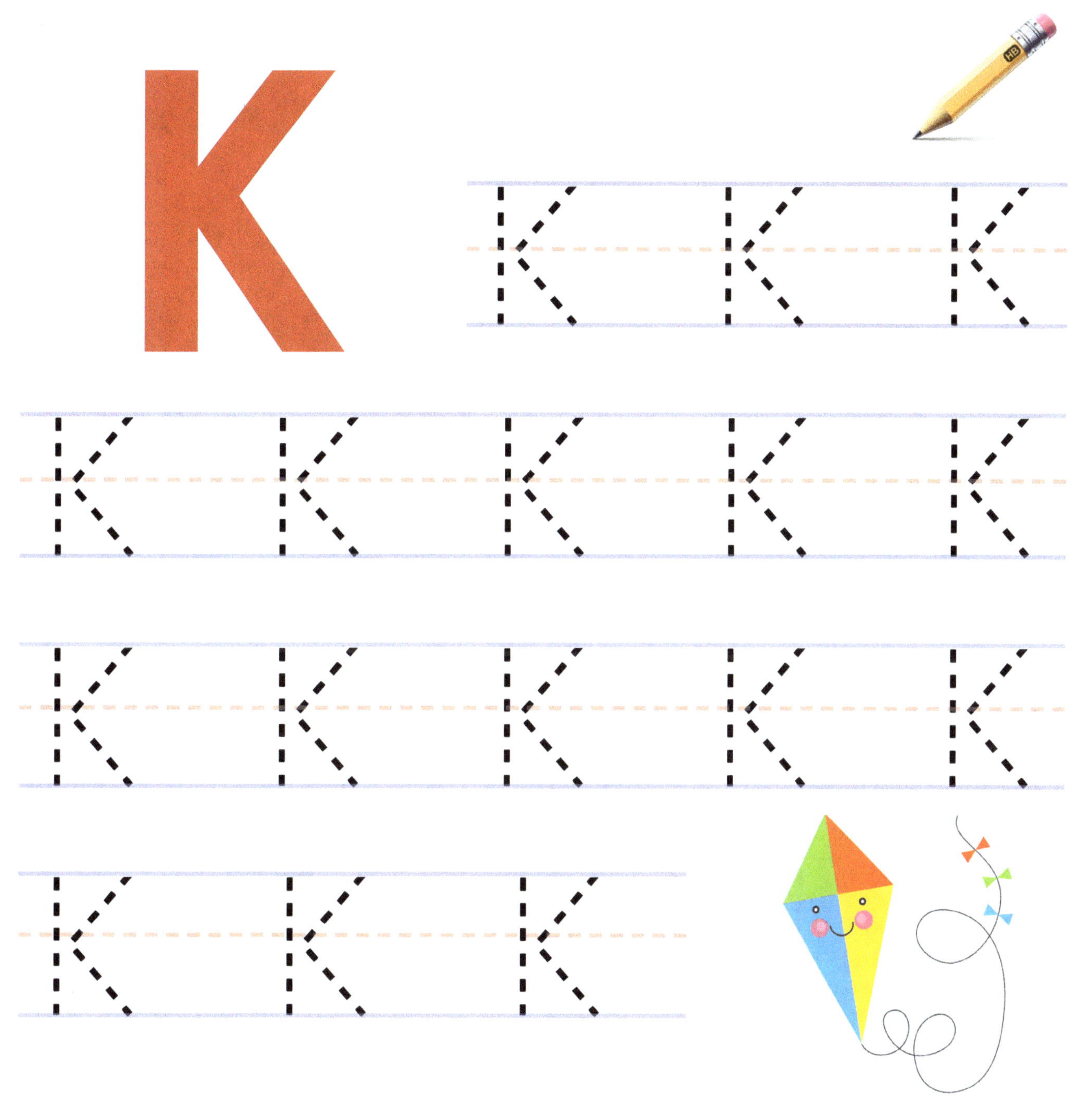
K
HB

L

M

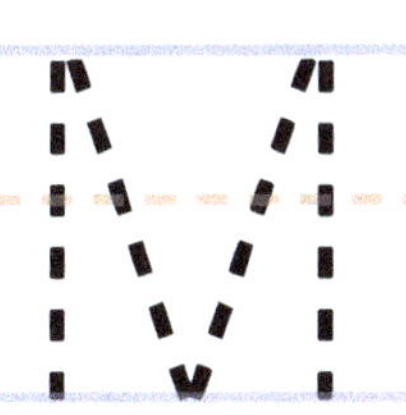

N

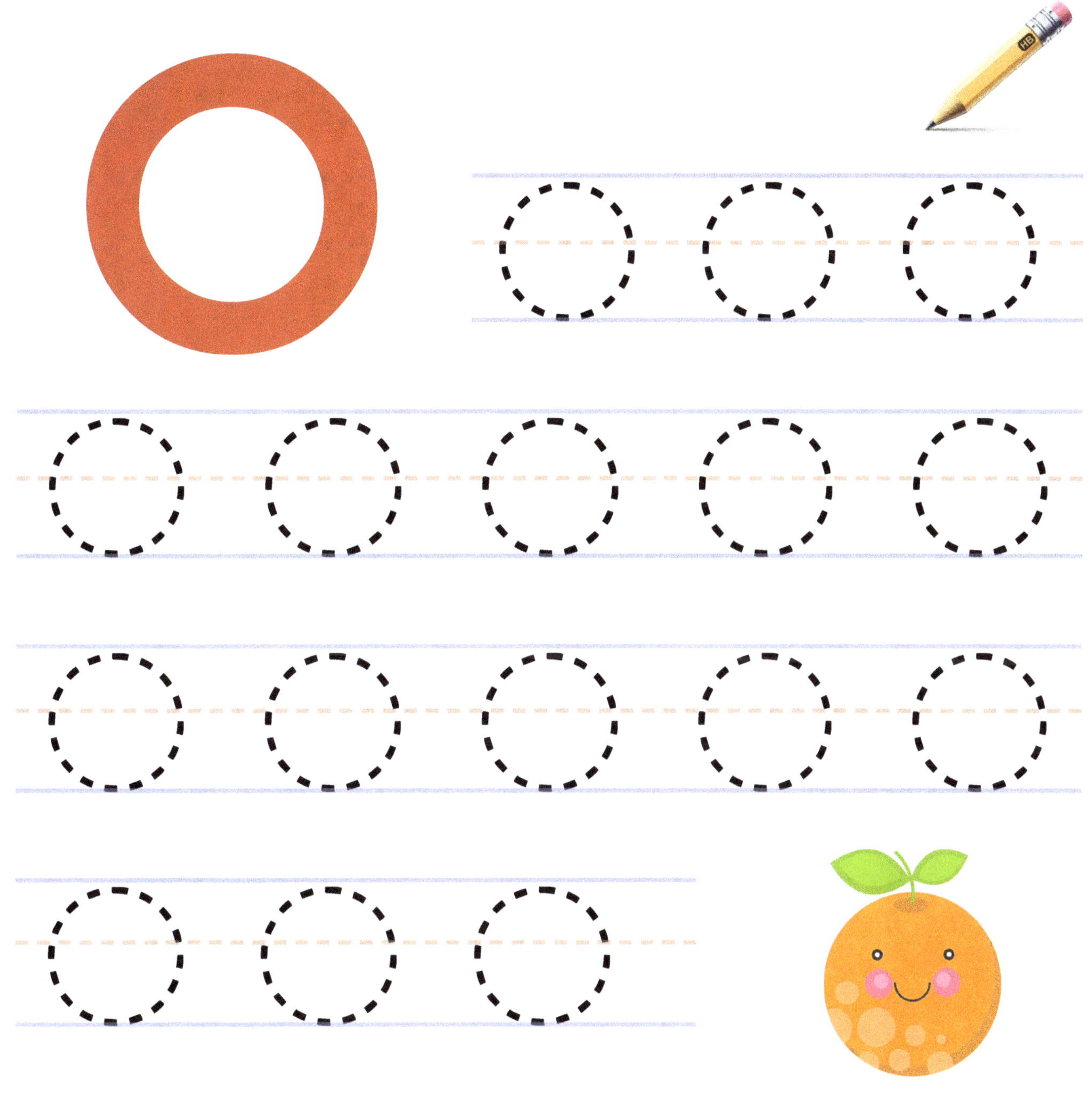

P

P P P

P P P P P

P P P P P

P P P

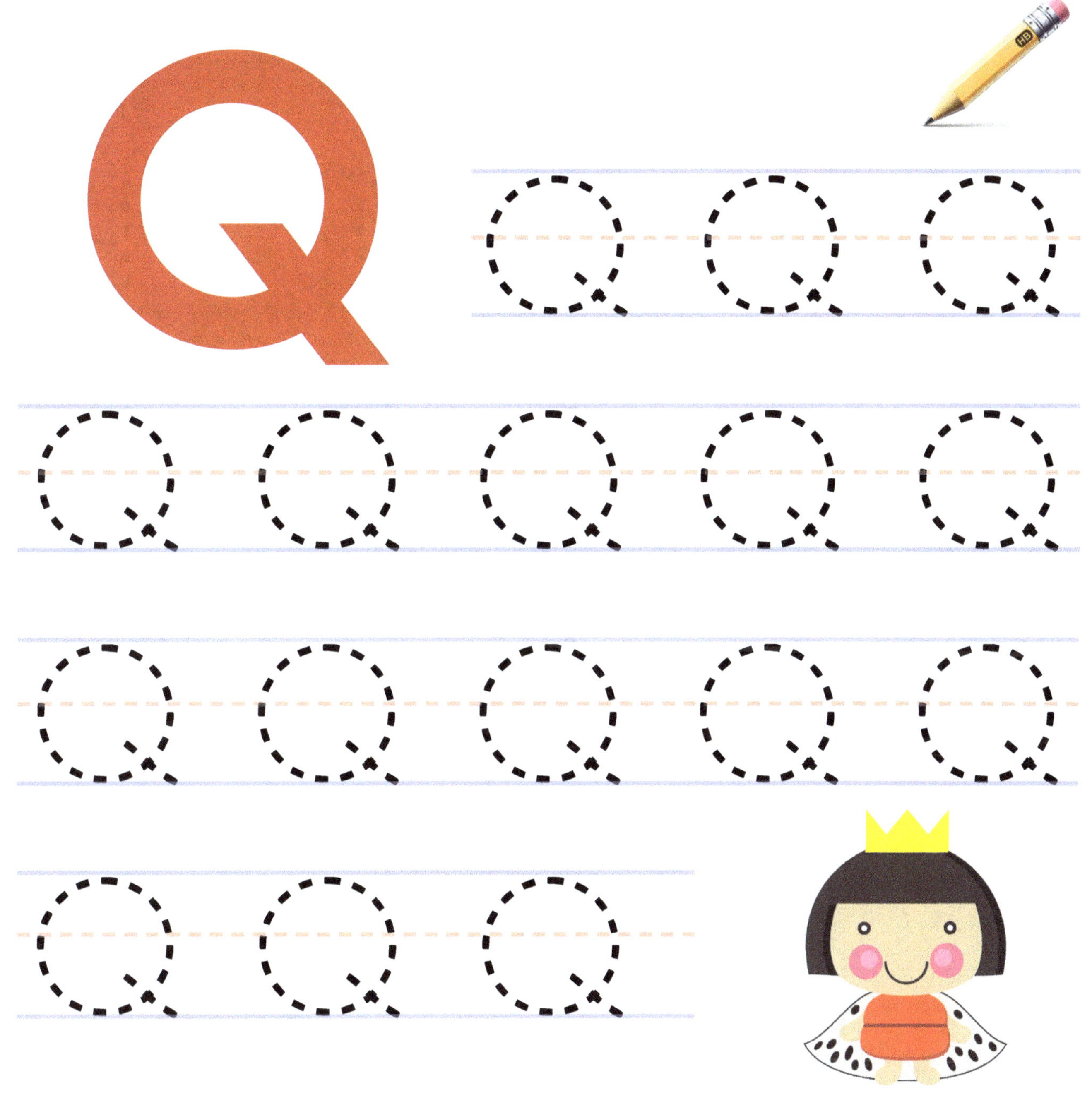
Q

R

R R R

R R R R R

R R R R R

R R R

S

T

U

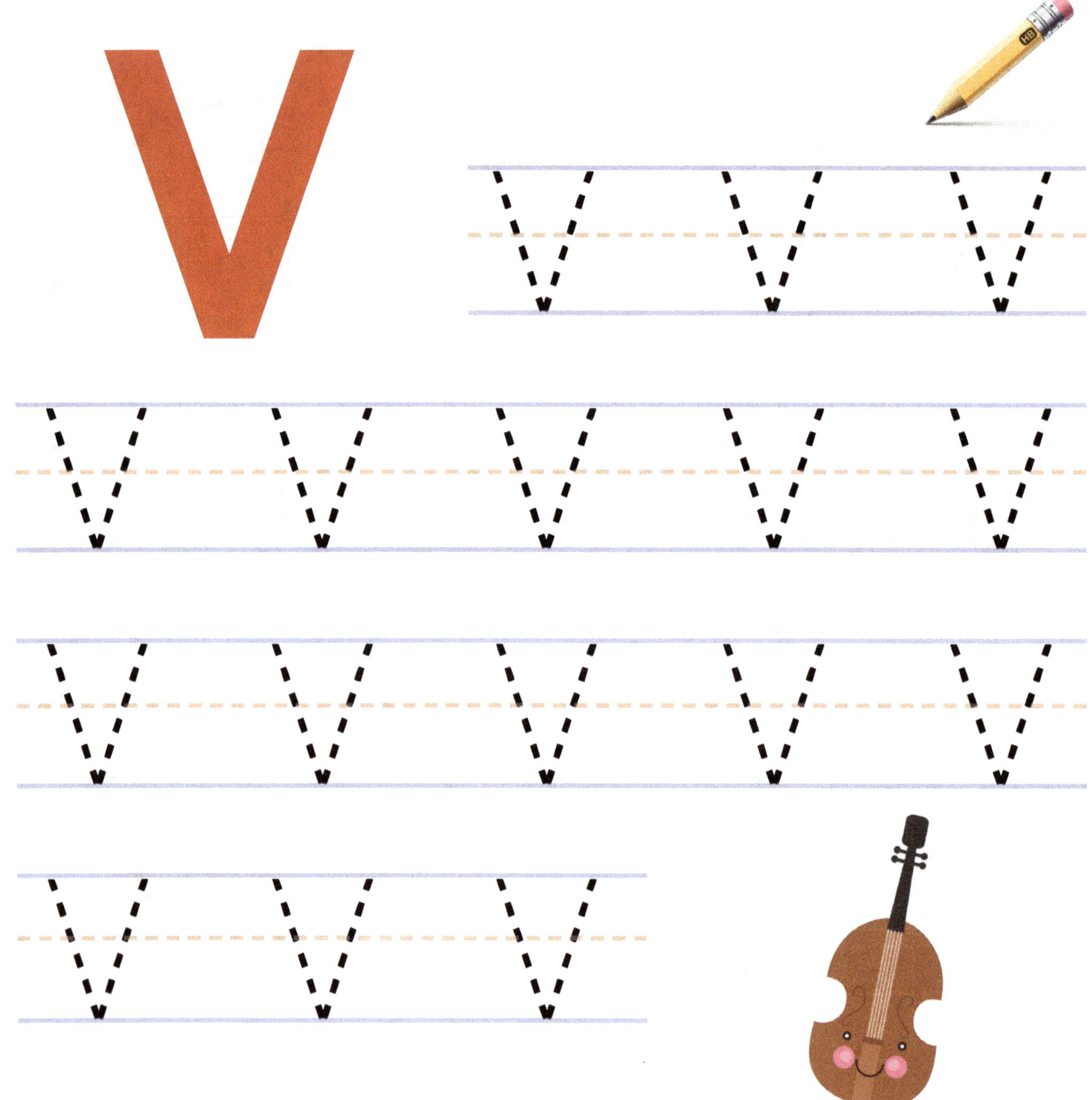
V
HB

W

w w w

w w w w w

w w w w w

w w w

X

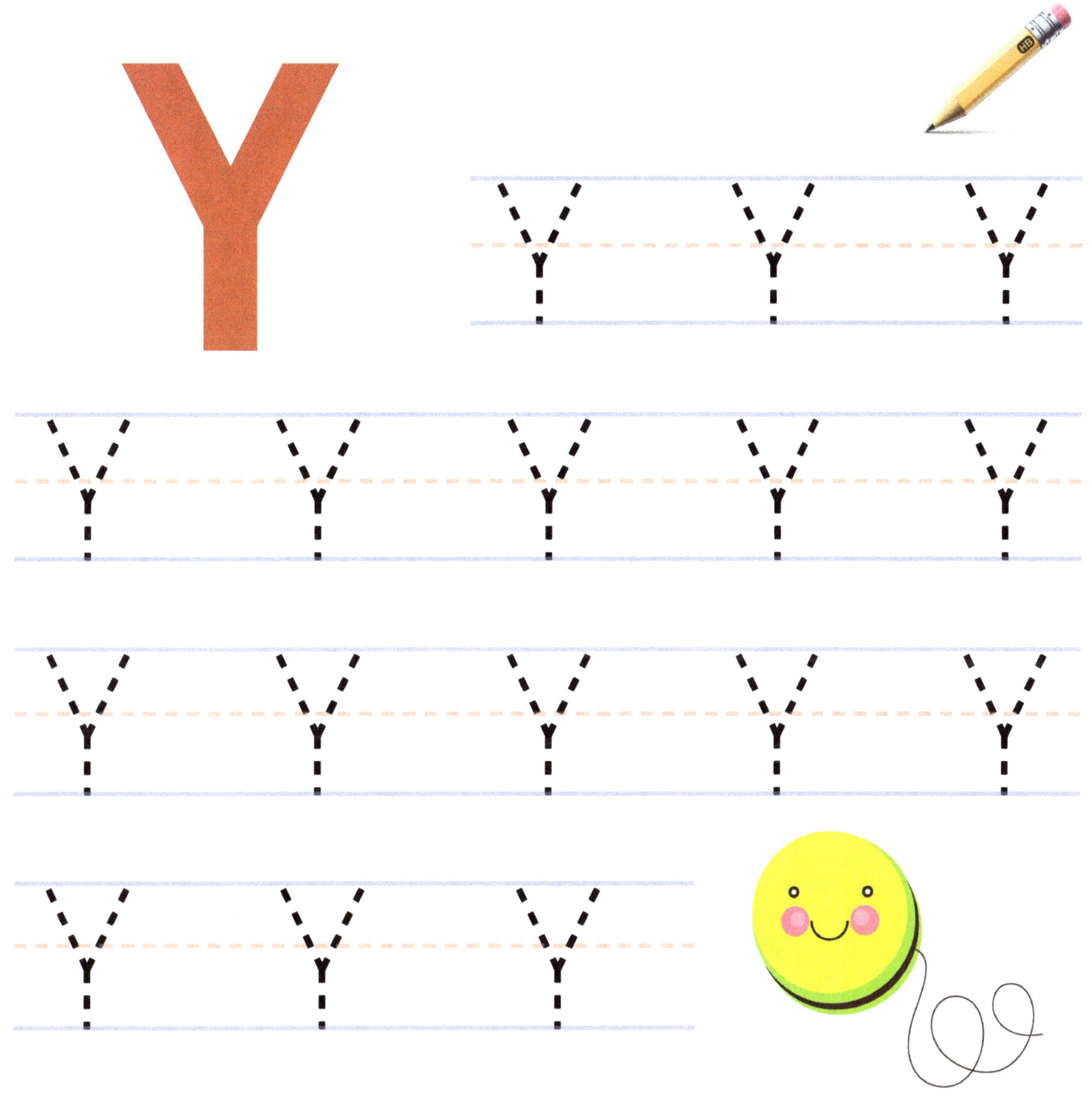
Y

Z

z z z

z z z z z

z z z z z

z z z

a a a a a

a a a a a

b b b b b

b b b b b

c c c c c

c c c c c

d d d d d

d d d d d

e e e e e

e e e e e

f f f f f

f f f f f

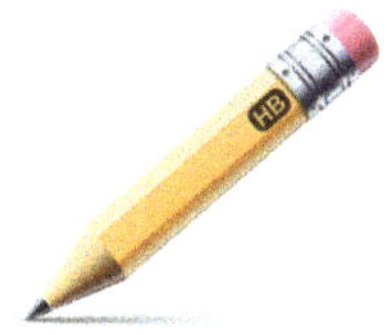

g g g g g

g g g g g

h h h h h

h h h h h

m m m m m

m m m m m

n n n n n

n n n n n

o o o o o

o o o o o

p p p p p

p p p p p

q q q q q

q q q q q

r r r r r

r r r r r

s s s s s

s s s s s

t t t t t

t t t t t

u u u u u

u u u u u

v v v v v

v v v v v

w w w w w

w w w w w

x x x x x

x x x x x

y y y y y

y y y y y

z z z z z

z z z z z

Trace the letters.

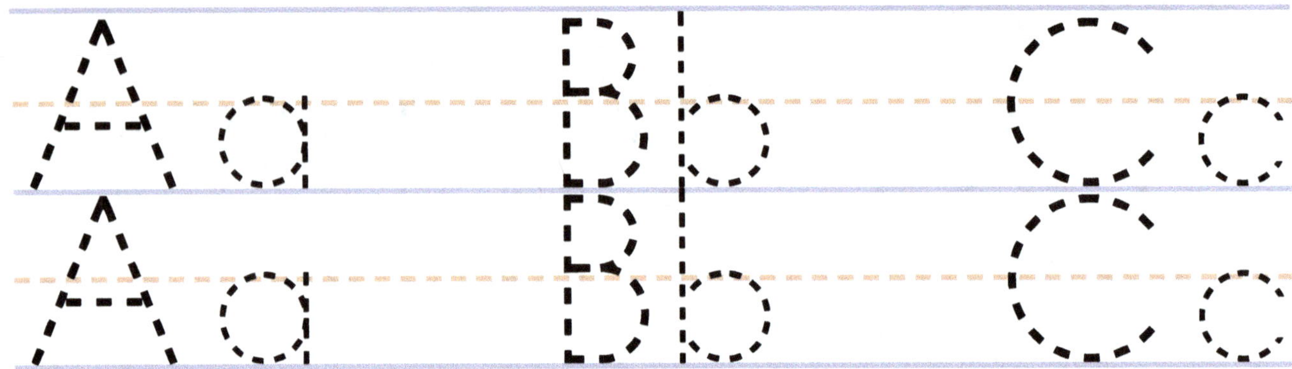

Now do it your own.

Trace the letters.

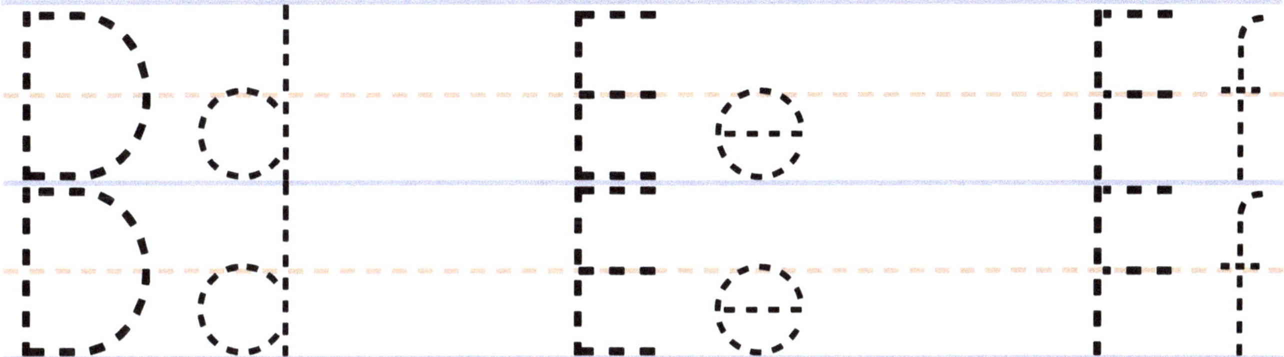

Now do it your own.

Trace the letters.

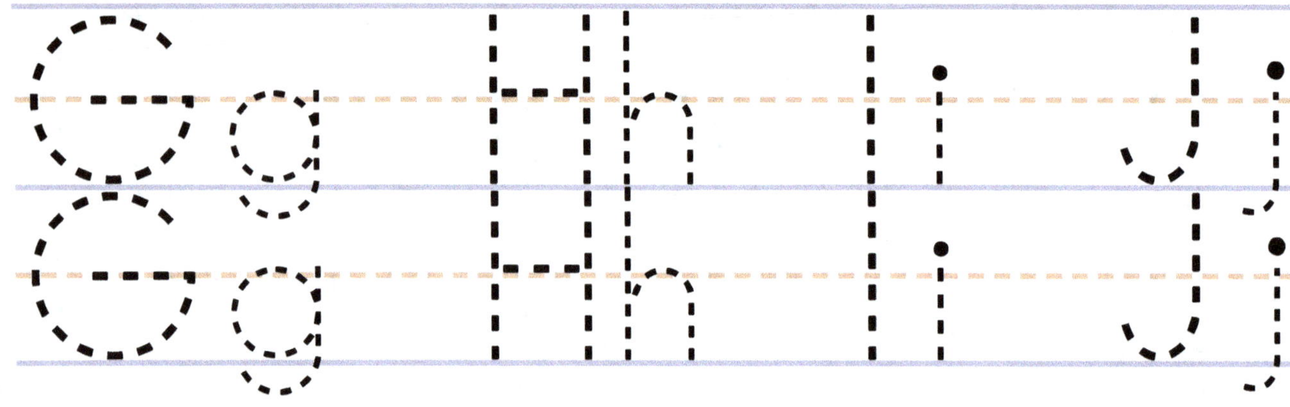

Now do it your own.

Trace the letters.

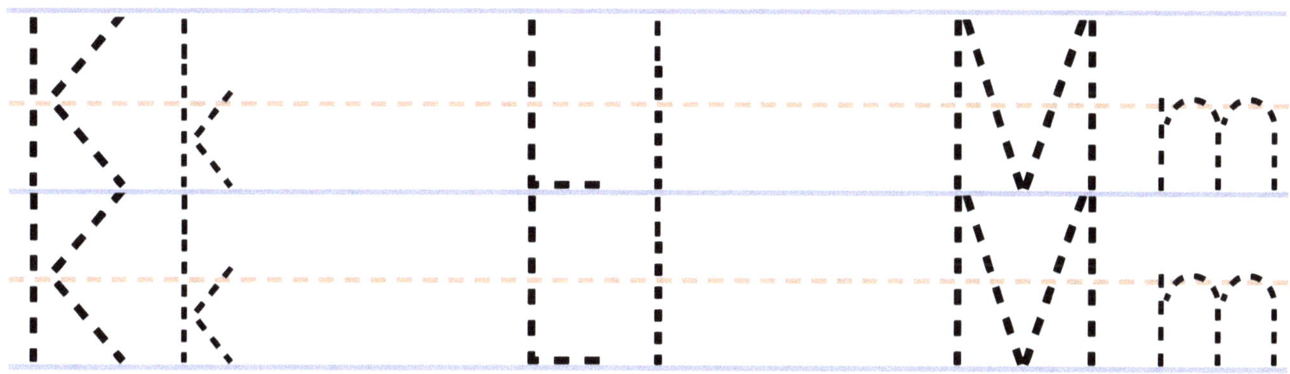

Now do it your own.

Trace the letters.

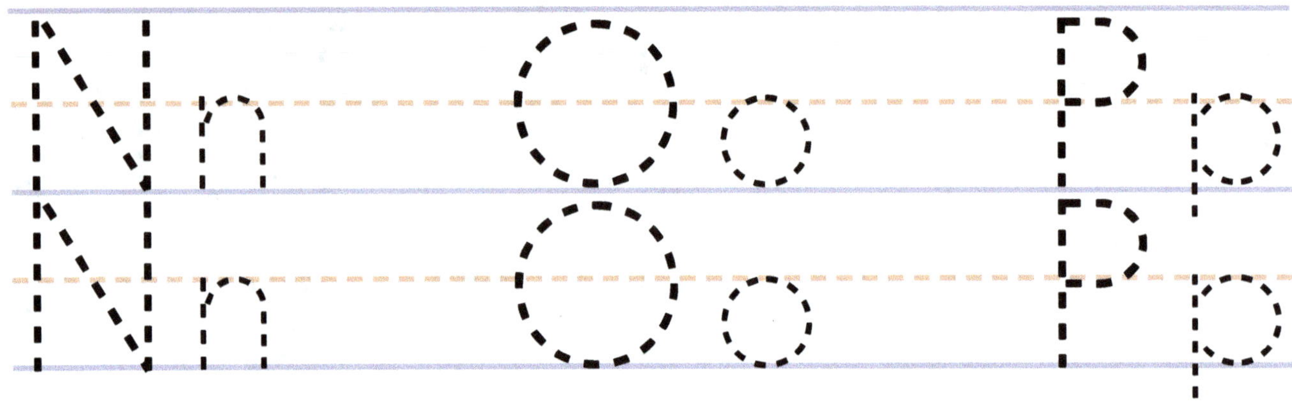

Now do it your own.

Trace the letters.

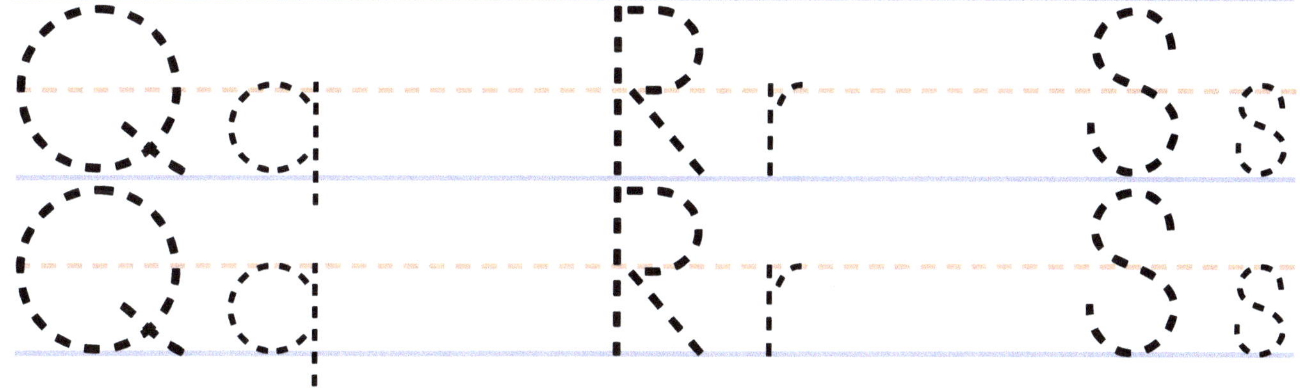

Now do it your own.

Trace the letters.

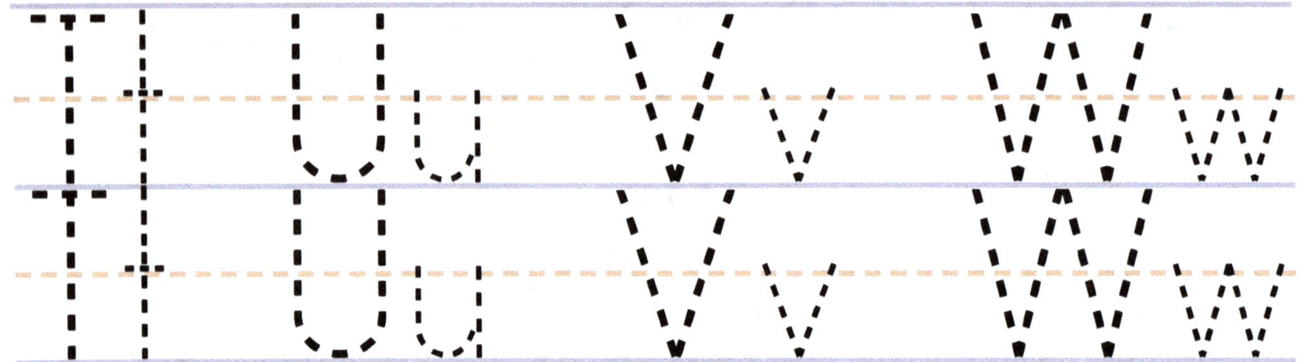

Now do it your own.

Trace the letters.

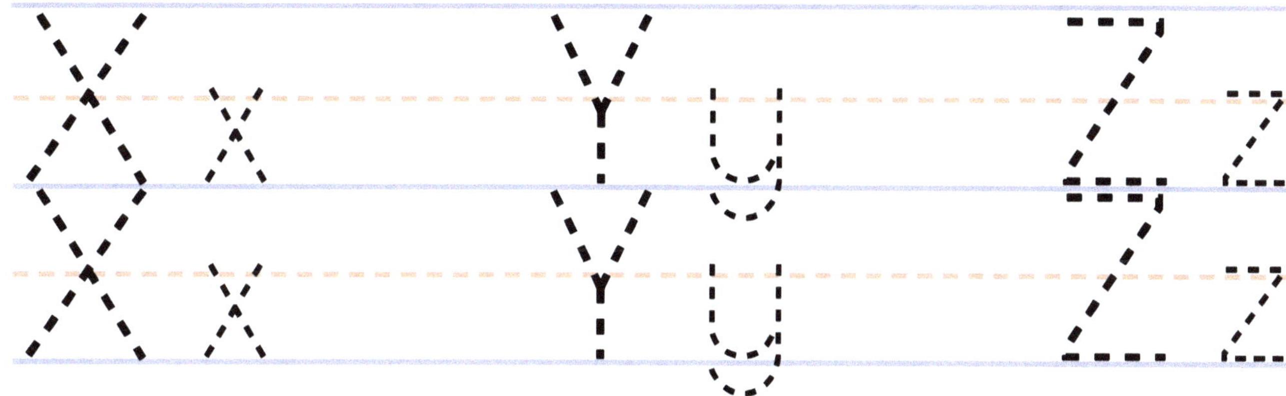

Now do it your own.

www.ingramcontent.com/pod-product-compliance
Lightning Source LLC
LaVergne TN
LVHW060509170826
845677LV00026B/1673
* 9 7 9 8 8 6 9 4 5 7 9 8 1 *